SOCIÉTÉ AMICALE

DES

ALPES MARITIMES

A PARIS

SOCIÉTÉ AMICALE

DES

ALPES-MARITIMES

SOCIÉTÉ AMICALE

DES

ALPES-MARITIMES

C'est lorsque nous sommes éloignés
de notre pays que nous sentons surtout l'instinct qui nous y attache.

CHATEAUBRIAND.

A PARIS

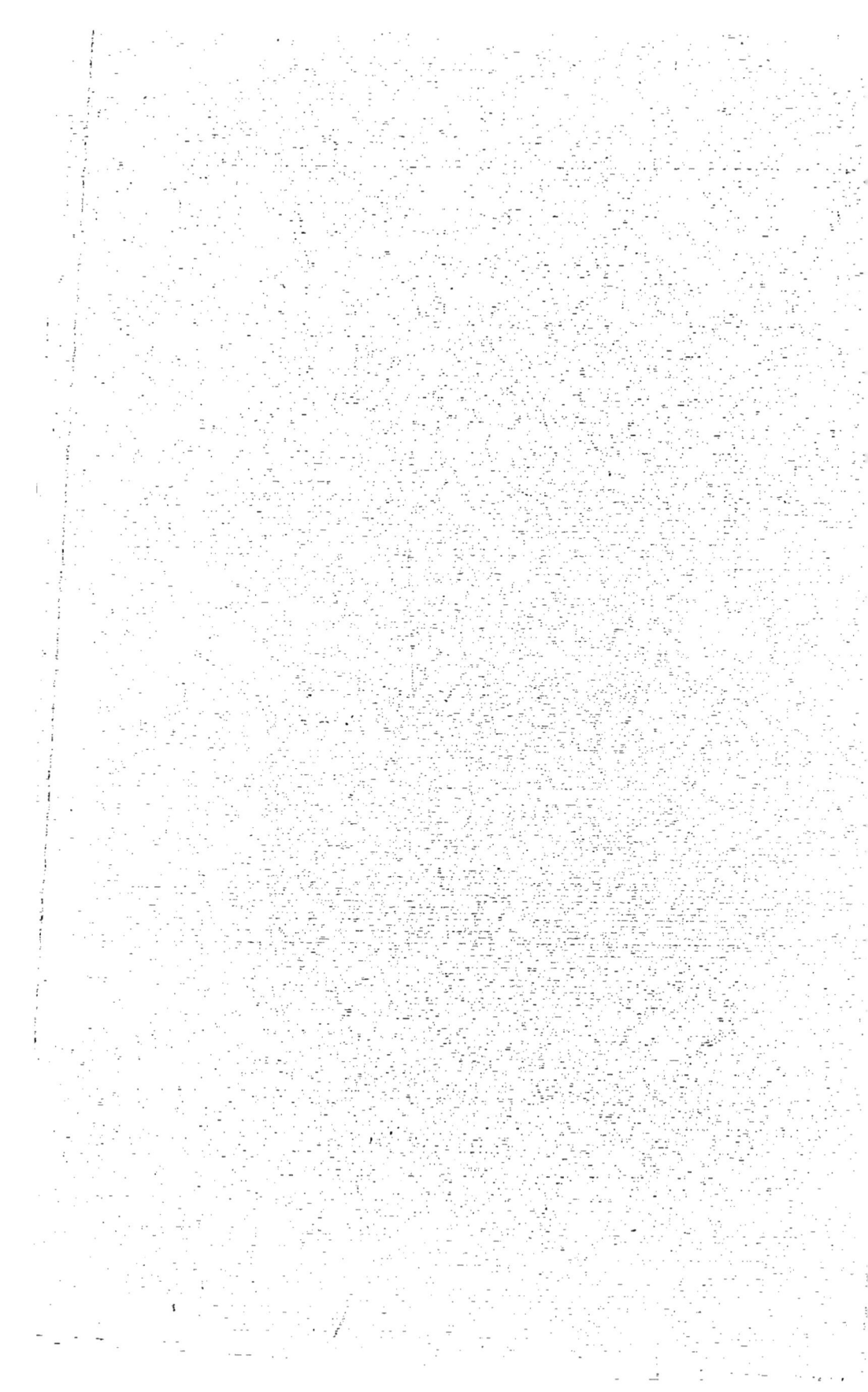

MEMBRES DE LA SOCIÉTÉ

MM.

CHIRIS (Léon), ✻, sénateur, 23, avenue d'Iéna ;
RENAULT (Léon), O. ✻, sénateur, 8, rue Murillo ;
BORRIGLIONE (Alfred), ✻, député, 6, rue Solférino ;
ROURE (Ernest), député, 4, rue Saint-Roch ;
ROUVIER (Maurice), député, ancien Président du Conseil des Ministres, 152, rue de la Tour ;

AUGIER (Charles), de Menton, commis à l'Administration centrale des douanes, au Ministère des Finances ;
AVIGDOR (Arthur), de Nice, rentier, 1, rue Scribe ;
BARETY (Alexandre), de Puget-Théniers, docteur-médecin à Nice, 1, rue Longchamps ;
BÉRENGER (Charles-Maxime), O. ✻, de Cagnes, général de brigade à Rouen ;
BERNARD (J.-J.-B.), du Cannet, directeur de la Société des reliefs géographiques, 54, rue de Seine ;
BERNARD (Don Caprice), de Nice, rédacteur financier au *Gil Blas ;*
BEU (Jean), de Nice, ingénieur, 186, rue Saint-Martin ;
BIRLÉ (Charles), de Nice, étudiant en droit, 10, rue du Renard ;

BIRLÉ (Ernest), de Nice, élève à l'École centrale des
    arts et manufactures ;

BOURDON (J.-P.), de Nice, docteur-médecin à Nice, 55,
    rue Gioffredo ;

BREZZI (Léon), de Nice, 14, rue Poncelet ;

CALMETTE (Emile-Louis), de Nice, médecin-major, à
    l'École militaire de Saint-Cyr ;

CAPÉRAN (J.), ancien élève du lycée de Nice, étudiant
    en droit, 71, boulevard Saint-Michel ;

CASSINELLI (J.), d'Antibes, économe au lycée de
    Montluçon ;

CHAUVAIN (Pierre), *, de Nice, ancien président du
    tribunal de commerce de Nice, 41, rue d'Amster-
    dam ;

CHIRIS (Edmond), *, de Grasse, membre du Conseil
    général des Alpes-Maritimes ;

CIAUDO (Pierre), de Pierlas, sous-économe au lycée
    de Versailles ;

COTE (L.), de Nice, chef de bureau à la questure du
    Sénat ;

CROSSA (Alexandre), de Nice, 191, rue de l'Université ;

DAVEO (Joseph), de Saorge, étudiant à la Faculté de
    médecine de Paris ;

DAVID (Th.), *, de St-Léger, docteur-médecin, 180,
    boulevard Saint-Germain ;

DOUHET (Jules), de Nice, chirurgien-dentiste, 91, rue
    des Petits-Champs ;

DOUHET (Arthur), de Nice, journaliste, 21, rue de Lis-
    bonne ;

ESCOFFIER (Paul), du Revest, procureur de la Répu-
    blique à Vendôme (Loir-et-Cher) ;

FÉRAUD (Désiré), de Gattières, médecin de la marine,
    à Cherbourg ;

FILIPPI (Louis), de Saint-Martin-Lantosque, avocat à la Cour d'appel de Paris, 52, rue de Provence ;

FLORÉS (Gustave), de Nice, 10, rue Halévy ;

FORNARI (Aristide), de Menton, commis principal des Postes et Télégraphes, 15, rue Jacquemont ;

FROMENTAL (Melchior du), ancien élève du lycée de Nice, ingénieur civil, 8, rue de Berne ;

GALLIN (Eugéne), de Nice, représentant en produits chimiques, 20, rue Malher ;

GAVARRY (M.), de Nice, rentier, 23, rue Joubert ;

GAVARRY (Fernand) fils, secrétaire d'ambassade, 23, rue Joubert ;

GIMBERT (Louis), docteur-médecin à Cannes ;

GIORDANO (H.-A.), de Nice, ancien élève de l'École Polytechnique, ingénieur civil ;

GIRAUD (André), de Nice, capitaine d'artillerie, détaché à l'École de guerre ;

GONDOIN (Jacques), de Nice, licencié ès sciences ;

GRAS (Jean), de Cannes, pharmacien à Cannes ;

GRINDA (Édouard), de Nice, étudiant à la Faculté de médecine de Paris ;

GUICHARD (Joseph), de Cannes, ancien élève de l'École Polytechnique, ingénieur civil, 24, rue de la Douane ;

GUIGUES (Jean-Baptiste), de Cannes, commis greffier d'instruction au Tribunal de la Seine ;

HÉRET (L.), de Nice, pharmacien des hôpitaux de Paris, à l'hospice d'Ivry ;

ISSAURAT (Cyprien), de St-Cézaire, rentier, 27, rue Drouot ;

ISSAURAT fils, de Nice, docteur-médecin, 27, rue Drouot ;

JOUVAL (Gabriel), comptable, 54, rue de la Verrerie ;

Juge (Armand), de Nice, ingénieur civil, 9, rue Toullier ;

Julien (Alexis), de Valbonne, professeur d'anatomie, 37, rue Monge ;

Kunnmann (Edgard), ancien élève du lycée de Nice, licencié en droit, 41, rue des Écoles ;

Lattès (Alfred), de Nice, négociant, 60, rue Richer ;

Lattès (Ernest), de Nice, ingénieur civil, 5, rue d'Antin ;

Latty (Michel), de Cagnes, professeur de dogme à la Sorbonne, 1er aumonier à Sainte-Barbe ;

Latty (Hippolyte), de Cagnes, docteur-médecin, 7, rue Léonie ;

Legal-Dutertre (Georges), de Nice, chimiste au Laboratoire municipal de Paris ;

Longjumeau-Norreys (Comte de), de Nice, rentier, 10, rue de Greffhule ;

Lubanski (Ladislas), de Nice, capitaine breveté d'infanterie, au service géographique de l'armée, 140, rue de Grenelle ;

Lucas (Henri), de Nice, directeur du *Moniteur de la mode*, 3, rue du Quatre-Septembre ;

Magnier (G.), ✱, administrateur des douanes, au ministère des Finances ;

Magnin (de), avocat à la cour d'Appel de Paris, 12, rue de l'Odéon ;

Massé (J.-B.), de Nice, huissier à Rouen ;

Mayrargue (Henri), de Nice, étudiant à la Faculté de droit de Paris ;

Mayrargue, de Nice, étudiant ;

Mieille (Jules), surnuméraire au ministère des Finances ;

Moriez (Robert), de Luceram, conseiller général du canton de l'Escarène, docteur-médecin à Nice, 18, rue Pastorelli;

Moro (Jean), de Breil, publiciste, rédacteur au *Matin*, 152, rue de la Tour;

Nicot (Jean), de Nice, étudiant à la Faculté de droit de Paris;

Olive (Francis), de Biot, architecte, 2, rue de Berne;

Olive (Armand), fils, de Biot, architecte, 2, rue de Berne;

Partourneaux (de), de Menton, attaché au Crédit Foncier de France, 50, rue de Bourgogne;

Paulian (Ernest), de Nice, attaché à l'administration centrale du Crédit Lyonnais, 71, rue Delaizement;

Paulian (Louis), de Nice, secrétaire rédacteur à la Chambre des députés, 9, rue Labordère;

Pietri (Georges), de Nice, publiciste, 12, rue du Débarcadère;

Plesent, de Nice, caissier au journal *le National*, 15, rue St-Florentin;

Pons (Ernest), de Biot, médecin vétérinaire à l'Ecole supérieure de guerre;

Raphaël-Mayer (Émile), de Nice, négociant, 60, rue Richer;

Reibaud (P.), d'Antibes, chef de bureau au ministère de la Justice;

Rérolle (Lucien), ancien élève du lycée de Nice, droguiste, 11, rue des Quatre-Fils;

Roubaudi (Marius), de Nice, négociant en soieries, 7, rue du Quatre-Septembre;

Ruelle (Angelin), professeur de littérature, 5, rue Beudant;

Sardou, du Cannet, interne en médecine des hôpitaux de Paris.

Seligman (Ed.), ancien élève du lycée de Nice, avocat à la cour d'Appel de Paris, 25, rue du Mont-Thabor;

Sigaut (Max), de Nice, professeur au lycée Saint-Louis;

Soleau (Robert), maire d'Antibes, juge d'instruction au Tribunal de la Seine, 78, rue de Rennes;

Tournaire (Albert), de Nice, architecte, 15, rue Racine;

Turin (Auguste), de Nice, négociant en huiles, 53, rue du Faubourg-Poissonnière;

Varaldi, de Grasse, parfumeur, 70, rue Rochechouart;

Vial (J.-B.), de Nice, ancien huissier à Cannes, 39, rue de Rivoli;

Vors (A.), de Grasse, élève à l'École de pharmacie de Paris;

ADHÉRENTS

Aubin (A.), avocat, secrétaire de M. Léon Renault, sénateur, 179, boulevard Haussmann;

Buguet (Henri), homme de lettres, 43, boulevard de Strasbourg;

DHOMBRES, ancien professeur d'histoire au lycée de Nice, actuellement au lycée Henri IV ;

DUBOIS (Achille), ancien receveur des finances à Puget-Théniers, actuellement percepteur à Pontchartrain (Seine-et-Oise) ;

GAUTIER, ancien proviseur du lycée de Nice, actuellement proviseur au lycée Michelet, Vanves, (Seine) ;

GAVINI, de Campile, ancien préfet des Alpes-Maritimes, 21, rue d'Astorg ;

MARTIN (Félix), directeur de la Compagnie des chemins de fer du sud-est de la France ;

PAOLI (Xavier), ancien commissaire spécial à la gare de Nice, actuellement à la gare de Lyon, à Paris, 28, rue de Lyon ;

SEBLOND (Albert), secrétaire de M. Léon Renault, 8, rue Murillo ;

THIOLLAZ (Vicomte Henry de), ancien inspecteur des eaux et forêts du département des Alpes-Maritimes, 24, rue d'Anjou.

SOCIÉTÉ AMICALE

ALPES-MARITIMES

> L'Association relie les individus isolés et multiplie les forces en les réunissant.
>
> G. LABOULAYE.

Dans ce pays de France, par dessus tout centralisateur et unitaire, Paris est le point où convergent toutes les aspirations de la province. Alléchée par l'espérante devise : *Fluctuat nec mergitur,* la jeunesse vient y chercher des débouchés pour ses talents et pour ses audaces. Partis des quatre points du département des Alpes-Maritimes, c'est ici que nous avons apporté nos dieux pénates, nos

intérêts et nos affections ; c'est ici, comme
sur un champ de bataille, que nous vivons,
que nous luttons, que nous connaissons les
alternatives de la joie et de la douleur, du
triomphe et de la défaite; c'est ici, surtout,
que nous donnons, quelles que soient les
vicissitudes de la fortune, un exemple forti-
fiant de ce que peuvent le courage, la volonté
et la persévérance.

Disons-le à leur honneur, quelques-uns
d'entre nous ont réussi, et, en feuilletant les
annuaires de l'armée, des administrations,
des lettres, des sciences et des arts, nous y
lisons avec orgueil des noms originaires des
Alpes-Maritimes. Mais, confessons-le à notre
honte, leur nombre est relativement res-
treint, et bien plus nombreux sont ceux qui,
faute d'un conseil, d'un appui, se sont aban-
donnés au découragement et ont succombé
dans la lutte pour la vie.

* *

Nous traversons un siècle qui, par son
caractère, par ses tendances et par son
génie, ne ressemble à aucun autre. L'homme
isolé y est condamné à l'impuissance. D'un

autre côté, jamais le combat pour l'existence n'a été plus violent, plus acharné. Quel est celui qui peut se flatter de le soutenir avec avantage ? Quel est le vaillant réduit à ses seules forces qui est à l'abri des défaillances, des coups de l'adversité ?

Dans ces conditions, l'association s'impose comme une loi suprême de protection, de défense et de salut. Non pas, entendons-nous bien, l'association qui dispense les individus d'avoir une valeur personnelle, non pas l'association qui supplée à l'indigence intellectuelle et morale par les bienfaits d'une solidarité aveugle et complaisante, mais l'association qui, tenant compte des besoins et des facultés de chacun, s'efforce de lui procurer le moyen de se frayer un chemin à travers la société.

C'est cette croisade du dévouement sous la bannière de l'amitié que poursuit la Société amicale des Alpes-Maritimes.

.∙.

Et quelle association plus naturelle qu'entre les membres d'une même famille départementale ! Le même sang méridional

coule dans nos veines et la communauté
d'origine crée naturellement entre nous une
sympathie qui ne demande qu'à se dévelop-
per par le contact et par le frottement de la
vie.

A côté de ces raisons de s'unir et de se
grouper, il en est d'autres, une surtout d'un
ordre plus intime et non la moins puissante:
L'amour du sol natal.

Plus que tous autres, nous qui avons le
privilége d'appartenir à cette région enso-
leillée où la nature ne se fane jamais, où
l'azur ressemble à des yeux bleus de quinze
ans, nous faisons volontiers mentir le pro-
verbe: *Ubi bene ubi patria,* et le cœur gonflé
de regrets, nous portons sans cesse notre
pensée vers cette côte dentelée, vers cet
horizon bleuté, vers ce pays de l'oranger
plein de fleurs et de fruits, cachant, selon
une charmante expression des frères de
Goncourt, dans des boutons d'argent l'or
rond d'une orange...

Cependant, il faut bien le dire, nous
avons été précédés dans la voie de l'association par les originaires de régions moins
favorisées. Les Périgourdins, les Francs-
Comtois, les Normands, etc..., bien avant

nous, se sont constitués en famille régionale
et départementale. Faut-il en déduire que
nous soyons moins sensibles aux sentiments de sympathie, d'amitié, de dévouement et de solidarité ?

Le Méridional, personne ne le contestera,
est d'un caractère liant et communicatif.

Ses relations sont faciles, sans être pour
cela moins sincères et moins durables. Ce
qui a manqué, c'est l'initiative et surtout le
manque de foi dans la réussite. Cela ressort
de l'histoire de notre jeune Société que
nous allons essayer d'écrire en une page.

La Société amicale des Alpes-Maritimes est l'œuvre d'un originaire
de nos montagnes, de notre excel-
lent ami, le docteur Théophile
David, qui a justifié à Paris le dire de Vir-
gile : *Labor improbus omnia vincit.* Né à
Saint-Léger, canton de Puget-Théniers, où

sa famille est honorablement connue, David, par son seul travail et par son intelligence, s'est fait en peu d'années une haute situation scientifique et professionnelle dans le corps médical parisien. A peine âgé de 35 ans, il est chevalier de la Légion d'Honneur et jouit des plus brillantes relations. Nos plus grands maîtres, Pasteur, Brouardel, Verneuil, Trélat, l'honorent de leur amitié, et le regretté Paul Bert le tenait en grande estime.

Notre ami, dont la modestie est bien connue, nous en voudra de ces quelques lignes qu'il considèrera comme trop flatteuses pour lui ; mais une aussi brillante carrière méritait d'être rappelée à nos jeunes compatriotes pour leur montrer ce que peuvent, même à Paris, le courage et l'énergique opiniâtreté au travail de nos montagnards.

Un autre motif nous a poussé à commettre cette digression... Ses succès, ses relations, le docteur David les a toujours mis au service de ses compatriotes voisins et lointains, et n'ont pas peu aidé à l'éclosion de notre Société.

∴

A la réalisation de cette idée : réunir, grouper les originaires des Alpes-Maritimes, le docteur David a apporté une persévérance à toute épreuve et une ferme volonté que rien n'a pu émousser, ni l'apathie de ses compatriotes, ni deux tentatives malheureuses.

Dès le mois de juin 1883, il adressait la lettre que voici à tous ses compatriotes résidant à Paris :

180, BOULEVARD SAINT-GERMAIN.

12 Juin 1883.

Monsieur et cher Compatriote,

Le département des Alpes-Maritimes est peut-être le seul qui ne soit point représenté à Paris par une Association amicale.

Vous penserez comme moi qu'il y a lieu de réunir nos efforts pour combler cette lacune. Je crois donc être l'interprète de tous nos compatriotes résidant à Paris, en prenant avec quelques amis l'initiative de nous y créer un centre commun de relations où nous pourrons nous connaître, nous aimer et nous aider.

C'est dans ce but que je vous prie de vouloir bien venir prendre le thé chez moi, le jeudi 14 Juin courant, à 9 heures du soir, et d'y amener tous les compatriotes que vous connaissez.

Veuillez agréer l'assurance de mes bons et dévoués sentiments.

Dʳ Tʜ. Davɪᴅ.

Quelques-uns répondirent à son appel (1) :

Quelques autres se firent excuser et envoyèrent leur adhésion (2) :

Sous l'empire de cet enthousiasme qui souffle en tout Méridional, dans cette première réunion, on agita de grandes idées, on remua de colossaux projets ; les uns voulaient fonder une société de secours mutuels, d'autres un cercle, enfin la montagne accoucha d'une souris et encore la souris n'était pas née viable.

On adopta néanmoins le titre de la nouvelle Société : *Société amicale des Alpes-Mari-*

(1) MM. André, Léon, de Cagnes, rédacteur aux Affaires étrangères, aujourd'hui vice-consul de France à Lucques, — Bourgarel, Adrien, d'Antibes, clerc de notaire, — Chabaud, Félix, étudiant en médecine, aujourd'hui médecin à Cannes, — Escarras, Louis, médecin à Cannes, — Escoffier, Paul, du Revest, procureur de la République à Vendôme, — Augier, — Balitran, — Dʳ Chiais, — Côte, -- Cassinelli, — Douhet, Jules, — Douhet, Arthur, — Feaut, Lucien, — Forestier, Antoine, — Forestier, Jacques, — Geoffroy, Auguste, — Gazagnaire, — Giordano, — Gras, Jean, — Guigues, — Heret, — Issaurat, — Jourdan, — Julien, Alexis, — le capitaine Martin, — Masse, Maurice, — Philippi, Louis, — Tournaire, — Varaldi, — Salicis, — Guigo.

(2) MM. Giraud, Clément, avocat, — Claudo, — Dufort, — capitaine Goiran, — Muraour, — le docteur Latty, — l'abbé Latty.

times; on constitua un bureau provisoire ainsi composé :

Président : M. ISSAURAT ;
Secrétaire Général : M. le docteur DAVID;
Secrétaire-Adjoint : M. LÉON ANDRÉ ;
Trésorier : M. COTE.

Un premier dîner eut lieu au restaurant Foyot. Ces agapes furent plus que cordiales, fraternelles; elles promettaient de se renouveler tous les mois, que dis-je, toutes les semaines. Hélas! ce premier succès, s'il répondit tout d'abord au généreux sentiment de son fondateur, ne fut pas de longue durée... Les idées d'association furent digérées avec le dîner et cette première tentative aboutit à un piteux avortement.

.•.

En janvier 1884, David revient à la charge, mais cette fois encore ses efforts n'aboutissent point. Tout autre se serait découragé et aurait abandonné son projet. Le docteur David ne désespère pas, il attend le moment propice. En 1887, il reprend son idée, en poursuit vigoureusement l'exécution et, cette fois, il atteint la réussite. Cette réussite

2

est aujourd'hui complète, la Société amicale des Alpes-Maritimes, grâce à ses efforts persévérants, est fondée et elle sera son éternel honneur.

a Société amicale des Alpes-Maritimes actuelle a pris naissance dans un de ces repas intimes où la joie déborde du cœur comme des lèvres, où la cordialité est presque une religion ; dans une de ces fêtes de l'amitié que l'on rêve quand on a vingt ans et les sublimes illusions de la jeunesse et que l'on aime à retrouver plus tard dans ses souvenirs quand la neige de l'hiver a remplacé sur nos fronts les fleurs parfumées du printemps.

C'était le 20 décembre ; nous avions reçu quelques jours avant de l'infatigable précurseur de la Société, M. le docteur David, un charmant papier illustré aux armes de la ville de Nice et de nos deux sous-préfectures, Grasse et Puget-Théniers, dont voici le fac-similé :

GRASSE

NICÆA CIVITAS

PUGET-THÉNIERS

Monsieur et Cher Compatriote,

La Société amicale des Alpes-Maritimes se propose de créer à Paris un centre commun de relations où tous les originaires du département pourront se connaître, s'aimer et s'aider.

C'est dans ce but que je vous engage instamment à prendre part au dîner qu'elle organise pour le Mardi 20 courant, à 7 h. 1/4, au Restaurant du Bœuf à la mode, 8, rue de Valois.

Veuillez m'envoyer votre adhésion avant le 19 au soir, et agréer, Monsieur et cher Compatriote, l'assurance de mes dévoués sentiments,

Dr Th. DAVID,
180, Boulevard Saint-Germain, 180.

Ce 12 Décembre 1887.

A la date fixée, nous étions trente à table. Je n'essayerai pas de vous dire combien cette réunion fut gaie, combien on fut heureux de se retrouver entre gens du même pays et combien on célébra les fleurs de notre sol natal et notre incomparable soleil méditerranéen.

Au dessert, le docteur David prononça une courte allocution qui fut vigoureusement applaudie :

Mes chers compatriotes,
Mes chers amis,

En ma qualité d'organisateur de cette réunion, je vous demande la permission de porter un toast.

Et d'abord, pourquoi sommes-nous ici ? Ce n'est certes pas pour faire de la politique, cause de profondes divisions. Nous sommes ici pour parler du pays, pour reporter une pensée collective sur ses montagnes, sur son littoral ensoleillé, sur sa côte d'azur, sur nos familles, sur nos amis...

De telles idées ne peuvent qu'unir tous les originaires des Alpes-Maritimes, d'où qu'ils soient, en séjour à Paris. Il n'y a plus de Var, pouvons-nous dire cette fois, réalisant ainsi dans le département une fusion qui n'était peut-être point encore assez parfaite.

A l'instar de toutes les associations départemenales, au fur et à mesure que nous nous connaîtrons mieux, la nôtre fera naître de précieux liens d'affection et d'estime.

Ces relations seront utiles un jour aux jeunes compatriotes, aux nouveaux venus dans les luttes de l'existence parisienne. — Pour l'instant, ne leur demandons que le plaisir, que la joie de nous réunir le plus souvent et en plus grand nombre possible autour d'une même table.

Avant de quitter celle-ci, je bois à la prospérité de la Société Amicale des Alpes-Maritimes.

On se sépara fort tard, après avoir décidé de se réunir tous les premiers mardis de chaque mois.

Les banquets qui suivirent, les mardi 31 janvier, 6 mars, 3 avril et 1er mai, n'eurent pas moins de succès.

Ils furent plus brillants les uns que les autres, et par le nombre des convives sans cesse croissant et par la cordialité toujours plus intime ; ils donnèrent lieu à des rencontres particulières, à des rapprochements inespérés et établirent entre nous des affinités très vives et très sympathiques.

Les premiers pas étaient faits ; la Société allait marcher rapidement dans la voie qui lui avait été préparée par le docteur David.

a chrysalide est devenue bien vite papillon. Aujourd'hui la Société amicale des Alpes-Maritimes est forte, elle fonctionne, elle prend tous les jours une extension plus grande et tout porte à croire qu'elle parcourra une carrière aussi longue qu'utile.

L'esprit qui a présidé à sa fondation, nous l'avons exposé dans les premières pages de cette brochure ;

Nous voir, fraterniser mensuellement le verre en main, nous sentir les coudes, nous pousser même les uns les autres, moralement surtout, et consacrer philanthropiquement un peu de notre superflu aux compatriotes malheureux qui ne peuvent être des nôtres, mais en dehors de toute idée de secours mutuel comme on l'entend habituellement, en dehors des droits acquis et d'obligation stricte de notre part.

A ces avantages, il faut en ajouter un autre qui a son importance et sur lequel nous appelons particulièrement l'attention des familles.

Les premiers pas dans ce dédale parisien si inextricable sont toujours difficiles... La Société se propose surtout de venir en aide à nos jeunes compatriotes qui arrivent de province, de les conduire, de leur faciliter leurs premiers rapports, de les aider, de les préparer à soutenir avec avantage le combat de la vie parisienne.

Les parents peuvent être assurés que leurs enfants trouveront dans la Société amicale des Alpes-Maritimes une protection efficace. Les jeunes étudiants, nouveaux arrivés à Paris, rencontreront dans les membres de la Société, des amis, des aides, des protecteurs.

.·.

Que faites-vous dans ces banquets ? nous demandera-t-on. J'aime mieux dire ce que nous ne ferons pas.

Eh bien ! il y a une chose certaine, c'est que nous ne ferons pas de politique. Car la politique, l'affreuse politique, est ce qui divise les hommes et nous ne voulons pas être divisés. La politique fait parfois dégénérer les amitiés les plus anciennes en haines violentes et implacables et nous voulons rester unis. La politique déforme les physionomies et injecte les yeux de lueurs

sanglantes et nous voulons garder le sou-
rire de nos lèvres et la sérénité de nos vi-
sages.

Nous préférons rire, car rire est le propre
de l'homme, du Méridional surtout, nous
préférons causer, parler du pays, de la famille absente, des amis éloignés..., nous
communiquer les uns aux autres nos espé-
rances, nos rêves, nos ambitions et recher-
cher tous ensemble les moyens de nous
aider dans les diverses carrières que nous
poursuivons.

.·.

« L'amitié disparaît où l'égalité cesse », a
dit un homme d'esprit. L'amitié la plus vive
unit les membres de la Société amicale des
Alpes-Maritimes, car on ne trouverait nulle
part une égalité plus grande que celle qui
règne dans nos banquets.

Nous avons banni à dessein les toasts qui
obligent parfois d'encenser telle ou telle per-
sonnalité... Il n'y a pas de présidence, pas
de places d'honneur, on se met à table au
hasard comme en famille, on ne respecte
qu'une préséance, celle de l'âge.

Le succès obtenu nous permet de croire

que nous avons eu raison de procéder ainsi ;
à ces règles, nous ne faillirons jamais et
notre Société ne fera que grandir et prospé-
rer.

.˙.

a tâche est finie. Il ne me reste
plus qu'à formuler un vœu.
Puisse ce court historique de
notre jeune Société triompher
des hésitations de quelques retardataires
que nous serions heureux d'accueillir dans
nos rangs. Qu'ils soient bien convaincus
qu'en dehors du plaisir que nous avons à
nous retrouver périodiquement, à parler du
sol natal, nous ne poursuivons d'autre but
que de faire un peu de bien.

Isolément, notre bonne volonté serait souvent impuissante, tous unis, nous vaincrons
toutes les difficultés et nous tiendrons haut
le drapeau des Alpes-Maritimes, du plus
riant département de notre belle France.

JEAN MORO.

A NOS COMPATRIOTES

DU DÉPARTEMENT

Ceux qui nous ont fait l'honneur de lire cette succincte plaquette seront convaincus que la Société amicale des Alpes-Maritimes ne poursuit d'autre but que d'être utile à nos concitoyens et aux intérêts particuliers et généraux du département, en dehors de tous partis politiques.

Par sa composition — elle compte dans son sein nos sénateurs et nos députés, des médecins, des avocats, des employés des diverses administrations, — son intervention peut être efficace.

Nous engageons donc nos concitoyens des Alpes-Maritimes, pour toutes les affaires qui les occupent, à s'adresser à elle.

AUX PÈRES DE FAMILLE

Les pères de famille qui ont l'intention d'envoyer leurs fils poursuivre leurs études à Paris, n'auront qu'à les adresser au siège de la Société, qui s'occupera de leur installation et surveillera leurs études. Ils pourront obtenir préalablement, par correspondance, tous les renseignements qui les intéresseront.

AUX COMMUNES ET AUX PARTICULIERS

Les Maires trouveront dans la Société un concours sûr et dévoué pour toutes les affaires concernant leurs Communes : instances et démarches dans les divers Ministères, recours devant les Juridictions administratives, Conseil d'État, etc.

La Société déléguera, selon la nature de l'affaire dont on l'aura chargée, ceux de ses membres qui, par leur situation ou leurs aptitudes, pourront s'en occuper plus efficacement.

AIDE ET SECOURS

La Société amicale des Alpes-Maritimes n'est pas une société de secours mutuels. Elle a pensé néanmoins que des secours matériels pouvaient lui être demandés par des compatriotes malheureux. A cet effet elle a constitué une caisse de secours alimentée par des dons et des versements volontaires, qui lui permettra de venir en aide à ces infortunés. Toutes diligences seront faites aussi pour leur procurer un emploi.

RENSEIGNEMENTS

La Société fournit gratuitement tous les renseignements qu'on pourra lui demander.

Toutes les demandes, toutes les communications, devront être adressées à M. le docteur David, 180, boulevard Saint-Germain, Paris.

GRAND BANQUET

EN L'HONNEUR DU

28ᵉ ANNIVERSAIRE DE L'ANNEXION DE NICE

A LA FRANCE

En dehors de ses réunions mensuelles, la Société amicale des Alpes-Maritimes a pensé que c'était pour elle un devoir patriotique de fêter le 14 Juin, date anniversaire de l'annexion de Nice à la France et par conséquent de la formation de notre beau département (1).

Cette idée fut approuvée avec enthousiasme et nos compatriotes n'eurent garde de manquer à ce banquet, qui fut plein de

(1) Traité de réunion de Nice à la France, 21 mars 1860.
Vote des habitants, 15 avril 1860.
Approbation du parlement sarde, 5 juin 1860.
Sanction par S. M. le roi de Sardaigne, de la loi qui rend exécutoire le traité du 21 mars, 11 juin 1860.
Sénatus-consulte de la France, 12 juin 1860.
Prise de possession officielle du comté de Nice, par M. le sénateur Piétri, au nom de l'Empereur Napoléon III, 14 juin 1860.

brio et de franche gaieté. La presse parisienne et la presse départementale applau-
dirent et publièrent des comptes rendus fort
élogieux de cette réunion. Nous en repro-
duisons quelques-uns.

.*.

Le *Petit Niçois* du 15 juin 1888 :

Jeudi soir se réunissait au Grand Café Américain,
près de l'Opéra, l'*Association amicale des Alpes-Maritimes* à Paris. La date du 14 Juin avait été choisie
pour fêter l'anniversaire de l'annexion de Nice à la
France.

Plus de cent personnes avaient répondu à l'appel
fait par M. le docteur David, le promoteur de ces
banquets mensuels, où le Niçois, perdu au milieu
de la grande capitale, vient fêter le pays absent en
parlant des amis et des connaissances.

LES CONVIVES

Citons parmi les convives : MM. Rouvier, ancien
président du Conseil ; Borriglione, député ; Soleau,
maire d'Antibes ; Edmond Chiris ; Magnier, administrateur des douanes au ministère des Finances ;
Reibaud, chef de bureau au ministère de la Justice ;
Chauvain, ancien président du Tribunal de Commerce de Nice ; Paulian, secrétaire-rédacteur de la
Chambre des députés ; Paoli, inspecteur à Paris ;
Jean Moro, Cte de Longjumeau ; Bernard, rédacteur

au *Gil-Blas;* G. Piétri, J. Capéran, étudiants en droit ;
Nicot, Wors, Édouard Grinda et Joseph Davéo,
étudiants en médecine ; Tournaire, de l'École des
Beaux-Arts (prix de Rome), et plusieurs autres
notabilités appartenant aux divers lycées de Paris
et à divers ministères.

S'étaient fait excuser : MM. Henry, préfet des Alpes-
Maritimes ; Roure, député, retenu à Grasse ; docteur
Féraud ; Gavini, ancien préfet ; Bernard, procureur
de la République à Versailles ; Ciaudo, Escoffier, procureur de la République à Vendôme ; général Bérenger, en tournée d'inspection à Rouen ; S. Rey-
mond, etc.

Pendant tout le banquet, dont le menu était des
mieux compris, la gaieté la plus franche n'a cessé
de régner.

DISCOURS DE M. LE Dr TH. DAVID

Au dessert, le docteur David s'est levé, et, dans un
discours très apprécié, a représenté en deux mots
l'historique de la Société. Il s'exprime en ces termes :

« Pardonnez-moi de retarder de quelques minutes
le plaisir d'entendre une parole plus autorisée, plus
attendue que la mienne.

« Notre Société, dont vous voudrez bien me consi-
dérer, pour un instant, l'interprète, tient à présenter
ses souhaits de bienvenue aux nouveaux adhérents.
Elle tient aussi à exprimer sa satisfaction de voir se
joindre aux Niçois d'origine, des personnalités qui,
à raison de leurs attaches avec le Pays, de leurs
sympathies, des services rendus, ont acquis droit de
cité parmi nous ; elle est heureuse de compter au

nombre des convives de ce soir : MM. Rouvier, notre illustre président ; Magnier, administrateur des douanes ; Bernard, Soleau, et d'éminents professeurs du lycée, qui ont appris, à plusieurs d'entre nous, et la langue et l'histoire de la mère-patrie.

« L'empressement que vous avez mis, Messieurs, à vous rendre à son appel, prouve combien a eu raison la *Société Amicale des Alpes-Maritimes* de grouper à Paris tous les originaires et tous les amis du département, sans distinction de parti ni d'opinion.

« Vous pourrez, désormais, propager cette vérité, que nos réunions n'ont d'autre but que celui de nous faire reporter une pensée collective sur le pays absent, sur nos familles, sur nos amis ; qu'elles rapprochent la rive droite de la rive gauche du Var, les montagnes de la plaine, qu'elles font oublier bien des divisions.

« Quoique jeune encore, la *Société Amicale des Alpes-Maritimes* va avoir son histoire : M. Moro vous fera connaître dans une brochure en quelles circonstances elle s'est fondée ; il vous dira ses progrès rapides, ses améliorations, la constitution d'une caisse de secours, d'un comité de renseignements, auquel pourront s'adresser tous les Niçois de Paris et même de Nice. Nous espérons qu'ainsi établie, elle constituera une œuvre utile, appelée à rendre de grands services, en même temps qu'un lien agréable pour les commensaux de ses banquets mensuels.

« Si nous avons quelque peu reculé celui-ci, c'est pour fêter un anniversaire, l'anniversaire du jour où le drapeau français, qu'avaient suivi nos pères à travers l'Europe, a été arboré dans notre département, le jeudi 14 juin 1860.

« A cette occasion, la ville de Nice offrit un banquet aux autorités françaises venues pour prendre
possession du pays; le syndic, M. Malausséna, y prononça ces paroles que je tiens à rappeler : « Nice,
« dit-il, est rentrée dans la mère-patrie; elle fête avec
« joie et enthousiasme cet heureux événement. »

« Cette fête que nous rééditons aujourd'hui à Paris,
après vingt-huit ans, vient faire justice des accusa-
tions de séparatisme souvent portées contre notre
pays, et tout récemment par un homme d'État anglais,
Ch. Dilke. Nice n'a pas été annexée ; selon l'expression de M. Malausséna, elle a simplement, librement,
fait retour à la mère-patrie, à une époque où ce retour
fut considéré comme une satisfaction donnée à
l'opinion publique et comme un gage d'union entre
deux peuples amis.

« Je ne veux point insister sur l'importance de cette
démonstration patriotique; je tenais à faire ressortir
qu'elle est cette fois l'œuvre de notre Société et
prouver qu'elle lui constitue un nouveau titre aux
sympathies de tous.

« Certain de trouver un écho unanime parmi vous,
je vous propose, Messieurs, de boire au nom du département, à la France que nous aimons. »

DISCOURS DE M. BORRIGLIONE

M. Borriglione prend à son tour la parole.

Il remercie le docteur David de la bonne pensée
qu'il a eue de faire coïncider cette réunion mensuelle
avec l'anniversaire que l'on fête aujourd'hui.

« Il y a en effet, dit-il, vingt-huit ans aujourd'hui,

que Paris était en fête ; dès le matin, la plus grande animation régnait dans la Capitale, les édifices étaient pavoisés aux couleurs françaises et italiennes ; soixante mille hommes de cette brave armée qui avait si vaillamment combattu à Magenta et à Solférino étaient passés en revue au Champ-de-Mars, au bruit du canon et aux acclamations d'une foule sympathique. Paris tenait à célébrer solennellement la réunion à la mère-patrie de la Savoie et de l'ancien comté de Nice, c'est-à-dire le retour, au sein de la grande famille française, de la nation généreuse, libératrice des nationalités. »

M. Borriglione constate, ensuite, que ce qu'il y a eu de remarquable et de digne dans cette annexion, c'est qu'elle n'a pas été le résultat d'une conquête à main armée comme celle qui a si profondément déchiré la France, il y a quelques années, mais, bien au contraire, l'accomplissement loyal d'un pacte gouvernemental sanctionné par les populations et le gage d'une alliance qui avait scellé, par le sang français, l'indépendance de l'Italie.

Aussi, M. Borriglione croit traduire, dit-il, fidèlement les sentiments intimes de tous les annexés, en disant qu'il a la certitude que l'Italie n'oubliera jamais ces souvenirs; qu'elle n'oubliera jamais ce qu'elle était avant 1859, ce qu'elle est devenue depuis; qu'elle n'oubliera jamais non plus que l'indépendance et l'unité qui constituent la gloire et la force d'une nation lui ont été apportées par la France, arrosées du sang des meilleurs de ses enfants.

Ce qui le confirme dans ces idées, ce sont les revirements spontanés et sympathiques qui nous viennent de l'autre côté des Alpes ; ce sont les manifes-

tations qui se produisaient à Nice, il y a quelques
jours, sur le tombeau du grand citoyen Garibaldi
et auxquelles répondait, il y a quelques heures à
peine, en Italie, cette grande entente fraternelle des
étudiants français et italiens, confondant leurs dra-
peaux pour l'union et la prospérité des deux nations.

M. Borriglione ajoute que le meilleur moyen
pour atteindre ce but consiste à aplanir toutes les
difficultés qui ont pu surgir, à chercher surtout à
aboutir, par des concessions réciproques, à la réalisation du traité de commerce de nature à pouvoir donner
satisfaction aux deux nations intéressées et mettre fin
à une situation qui, en se prolongeant, ne pourrait
être que nuisible aux intérêts vitaux des deux pays.

M. Borriglione boit à la France, à la République,
à l'union des deux Nations, à notre beau département
et aussi, dit-il, au développement de la *Société amicale des Alpes-Maritimes*, qu'il considère comme la
gardienne de nos souvenirs historiques et de nos
mœurs locales, à la distance où nous sommes de nos
foyers et de nos affections !

Ce discours, souvent interrompu par des bravos, a
été vivement applaudi et a valu à M. Borriglione de
bien sincères félicitations.

DISCOURS DE M. ROUVIER

M. Rouvier se lève à son tour, et avec cette cha-
leur et cette éloquence dont il a donné les plus belles
preuves à la tribune française, prononce un discours des plus applaudis.

« Il m'avait paru, dit-il, que ce dût être un annexé
des Alpes-Maritimes qui dût prendre la parole à

l'occasion de l'anniversaire du retour de Nice à la grande Patrie française, plutôt que moi, qui ne suis qu'un annexé au département des Alpes-Maritimes, mais je cède aux sollicitations de mon ami Borriglione, que je félicite bien sincèrement.

« Longtemps déjà avant 1860, Nice avait fait partie de la grande Patrie française ; elle n'a donc fait, à cette époque, suivant la très juste expression de notre fondateur, le docteur David, qu'un retour à sa mère-patrie.

« Toujours, et dans toutes les circonstances, le gouvernement sait qu'il peut compter sur la fidélité des annexés, qui n'ont cessé de donner jusqu'à présent les témoignages d'un dévouement et d'un attachement absolus.

« Je considère, Messieurs, cette union désormais indissoluble ; pour être les derniers venus dans la grande famille française, vous n'en êtes que plus aimés, vous êtes le dernier-né, comme cet enfant sur lequel se concentre toute l'affection de la famille.

« Jamais dans les Chambres françaises, jamais on n'a rien demandé au nom du Comté de Nice, sans que tous les vieux Français ne fussent disposés à faire pencher la balance en faveur de ce Benjamin de la famille.

« Rappelez-vous les derniers événements qui ont attristé votre pays, rappelez-vous la sollicitude du Gouvernement qui n'a pas hésité un seul instant à franchir les barrières de la loi pour venir en aide à ce beau pays.

« Quant à moi, Messieurs, je n'oublierai jamais qu'au cœur de ma carrière politique, j'ai trouvé dans ce département un pays d'adoption. Jamais le lien qui s'est établi entre vous et moi ne se brisera.

« Si j'ai dirigé le gouvernement de la France, si j'ai eu, à un moment donné, l'honneur de me trouver à la tête de ce pays, si j'ai essayé de provoquer, sur le terrain des institutions actuelles, d'effacer ce qu'il y a de trop vif, si j'ai essayé de constituer un grand parti national, c'est à vous, Messieurs, que je le dois, c'est parce que vous m'avez accueilli dans les Alpes-Maritimes.

« Un instant à la tête des destinées de mon pays, j'ai travaillé au progrès de la Patrie en pensant qu'il en rejaillirait quelque chose sur le département qui m'a fait un pareil accueil.

« Je vous propose, messieurs, de boire à l'indissoluble union de la France et du Comté de Nice. »

Ce discours est accueilli par des applaudissements prolongés.

DISCOURS DE M. SOLEAU

M. Soleau, maire d'Antibes, dans un superbe élan de patriotisme très applaudi, fait ensuite le tableau de la vieille cité, qu'il représente, assistant à la réunion des deux rives du Var. (Voir son discours plus loin, au compte rendu de l'*Avenir d'Antibes*, p. 44.)

* *

C'est le tour des muses.

M. G. Pietri, le petit neveu du sénateur, commissaire du gouvernement français qui vint en 1860 prendre possession du comté de Nice, et le fils du premier sous-préfet qu'a eu Puget-Théniers, depuis

l'annexion, lit une pièce de vers vigoureusement
applaudie :

« Quand la France entendit, parmi les cris de fête,
    L'Italie acclamer son nom,
Et vit un peuple, libre enfin, lever la tête
    Sans que la gueule du canon

Vint encor lui crier : Paix ! c'est moi le despote,
    C'est moi la force ! Moi le droit !
Courbe ton large front sous le poids de la botte
    Du Teuton louche au front étroit !

Quand soudain tout se tut dans la plaine lombarde,
    Et l'appel grêle du clairon,
Et le râle plaintif du blessé qui regarde
    Venir la nuit à l'horizon,

Et les rires bruyants des filles, aux croisées,
    Leurs tabliers emplis de fleurs,
Saluant dès le seuil des villes pavoisées
    Les soldats meurtris et vainqueurs ;

Alors Nice éprouva, justement orgueilleuse,
    Cette fièvre qui l'entraîna
Quand l'armée en haillons traversait glorieuse
    Les Alpes, avec Masséna.

Elle revit d'un coup les bataillons imberbes
    Où s'enrôlèrent ses enfants,
La République enfin battant les rois superbes
    Avec ses soldats de vingt ans !

Et le sang se séchant aux lèvres des blessures,
    Quand s'arrêtèrent nos succès,
Nice du sang versé rouge d'éclaboussures,
    Nice ouvrit les bras aux Français.

    L'enthousiasme populaire
    Inaugurait la nouvelle ère :
    A la Justice plus d'affronts !
    L'Italie eut ces cris sublimes :
    — « France, les Alpes-Maritimes
    Et les pics neigeux des grands monts
    Seront entre nos territoires
    Des limites à nos victoires !
    Avec Nice, gerbe de fleurs,
    Je te rends la vieille Savoie,
    Car je veux que l'Europe voie
    Le baiser des nations sœurs ! »

    Et ce fut cri d'allégresse,
    Quand sur le donjon qui se dresse
    Dans le poudrain au goût amer,
    Et sur les cimes escarpées
    Du Mont-Blanc, sans cesse frappées
    Par le fouet cinglant de l'éclair,
    Le paysan du coin de l'âtre,
    Du fond de sa hutte le pâtre,
    Hommes des champs et citadins,
    Virent, avec la jeune aurore,
    Les plis du drapeau tricolore
    Claquer dans les vents des matins !

Du jour où ces couleurs ont couronné les faîtes,
    Joyeux de tous nos monuments,

Vingt-huit ans ont passé qui font sur bien des têtes
       Des couronnes de cheveux blancs.

Et des Niçois aussi dans les champs de l'Alsace
       Tombèrent — héros inconnus ! —
Des Français de dix ans qui voulurent leur place
       Quand les mauvais jours sont venus.

Car si Nice avait fait, en luttant près du Sarde,
       L'unité du pays latin,
Nice gardait au cœur cet amour qu'on nous garde
       Tout là-bas sur les bords du Rhin.

C'est pourquoi je veux boire, en levant haut mon verre,
       A ces vieux Niçois d'action,
Qui, lâchant le fusil, après la rude guerre,
       Acclamèrent l'annexion !

Au souvenir de ceux tombés sans sépultures :
       Ils sont nos gloires de jadis.
Pour qu'ils soient les garants de nos gloires futures,
       A nos morts de Soixante-Dix !

A la France ! — Messieurs, à notre chère ville !
       Aux olives, aux orangers ! —
Et si vous le voulez, ce n'est pas malhabile,
       A nos hôtes, les étrangers. »

                                   Georges PIETRI.
« Paris, 14 Juin 1888. »

Après M. Pietri, un de ces Niçois d'adoption dont a
parlé M. Borriglione, un collégien de Nice, M. J. Capéran, a récité une pièce de vers admirables qui lui a

valu les plus grandes félicitations. Nous ne pouvons
faire moins que de la publier en entier :

« Lorsqu'au vent de la *Marseillaise*,
Tu vis flotter nos trois couleurs,
Nice, fière d'être Française,
Tu nous donnas tes belles fleurs ;
Tu pris large part à nos gloires,
Tu t'enivras de nos victoires
Quand le succès nous entraîna,
Lorsque, brandissant son épée
A travers l'immense épopée,
Apparut ton fils, Masséna !

Tu nous suivis dans nos défaites,
Tu nous prêtas tes fortes mains,
Comme aux jours de nos grandes fêtes,
Tu semas de fleurs nos chemins.
Et quand le drapeau tricolore
Sur tes murs que le soleil dore
De nouveau fit flotter ses plis,
Nous vîmes de tes yeux sincères
Partir les pleurs, et tes misères
Voguer sur la mer des oublis.

Eh ! qui donc peut dire à cette heure
Quel est le plus heureux des deux,
De celui qui rit ou qui pleure,
Au roulis des jours hasardeux.
Nice, la France aussi fut fière
En te voyant, à la frontière,
Surgir au milieu des dangers,
Nous portant, toute enamourée,

Les flots de ta mer azurée,
Le parfum de tes orangers.

Au souffle ardent de la conquête,
Presque au bord des gouffres béants,
La France releva la tête,
Comme un de tes palmiers géants,

En voyant revenir vers elle,
Comme une tardive hirondelle
Que la brise porte aux beaux jours,
Cette Nice toute parée
Des reflets de la mer dorée
Et du plus noble des amours.

Car elle t'aime, Nice, ô France,
Tous ses cœurs pour toi sont ouverts,
Et c'est le vent de l'espérance
Qui fait vibrer ses rameaux verts.
Elle sait que, de par le monde,
Comme une tempête qui gronde,
Tu réveillas l'humanité,
Et que, la première entre toutes,
Tu fis sortir vainqueur des joutes
Le grand nom de la Liberté !

La France est la grande mêlée
Des vainqueurs, des héros sans nom,
Qui prennent tous leur envolée
Des pilastres du Panthéon.
C'est Hugo, triomphant génie,
Dont l'âme superbe, infinie,
Traverse en radieux éclairs
L'Europe à demi consternée,

Dont l'étoile jamais fanée
Resplendit au feu de ses vers.

La France, c'est l'art qui rayonne,
Qui marche toujours à grands pas ;
La France, c'est la rude lionne
Qui veut des rois à ses repas.
C'est le peuple tenant la foudre,
C'est le peuple s'enivrant de poudre
Pour saper sur son piédestal
Le Dieu, l'Idole, la Statue,
Tout le vieux mal qui ronge et tue
L'envolement de l'Idéal.

La France, c'est la République,
Ouvrant à tous sa large main ;
C'est l'ancienne bonté biblique,
C'est aujourd'hui, hier et demain.
C'est la rayonnante justice
Guidant l'éternel sacrifice
De nos grands martyrs toujours prêts :
C'est l'avenir ouvrant ses ailes
Comme des voiles immortelles
Que gonfle le vent du Progrès ! »

                         JOSEPH CAPÉRAN.

« Paris, 14 juin 1888. »

                *
              *   *

Un dernier toast a été porté par M. Jean Moro,
à l'union de la France et de l'Italie, à ces nations

sœurs entre lesquelles on voudrait aujourd'hui sus-
citer une guerre fratricide.

On ne s'est séparé qu'après minuit, au milieu de
la plus grande courtoisie et de la plus grande cordialité. Aussi chacun a-t-il emporté de cette soirée le
souvenir le plus charmant. On a bien pensé aux
absents et chacun a compris que, loin de son pays,
on oublie souvent les luttes intestines pour ne penser
qu'à sa prospérité et à son avenir.

J. D.

Paris, 15 juin 1888.

L'Avenir d'Antibes :

Sous l'inspiration du sympathique docteur David,
la Société amicale des Alpes-Maritimes s'est réunie
jeudi à Paris, pour fêter dans un banquet l'anniversaire de l'annexion du comté de Nice à la France. Il
serait trop long d'énumérer les noms de ceux qui s'y
trouvaient. Nous nous contenterons de dire que personne n'avait manqué à l'apple, sauf ceux empêchés
par des cas de force majeure. Le plus noble patriotisme, la plus franche cordialité ont animé cette belle
réunion. Des toasts ont été portés, parmi lesquels on
a remarqué ceux de MM. Rouvier, Borriglione et
Edmond Chiris, qui ont rappelé de la façon la plus
éloquente et la plus patriotique les souvenirs que
rappelait cet anniversaire. Nous sommes heureux de
pouvoir reproduire les paroles prononcées par notre
maire, M. Soleau, dans cette réunion :

« Messieurs,

« J'écoutais à l'instant le digne fondateur de notre Société, ces hommes d'État de la République, ces orateurs patriotes, et je songeais combien est heureux celui qui sait à la fois penser et dire. Puis, faisant un retour sur moi-même, j'ajoutais : Heureux encore celui qui n'a qu'à ressentir !

« Et cependant j'ai l'inconséquence de me lever, au risque de paraître téméraire, car il me semble que j'ai un devoir à remplir aujourd'hui. Maire de la vieille Cité militaire, je puis invoquer le drapeau dont cette première ville de France alors fêtait le triomphe en 1860, comme vingt-six ans après. Conseiller général, je puis parler de l'union que doit engendrer l'esprit de solidarité dans notre société démocratique.

« Mes chers compatriotes, je bois donc à l'union sous les plis du drapeau tricolore qui abrite notre jeune comme notre vieille France. Les lois de l'histoire, les caprices de la politique avaient séparé des pays de même souche. Antibes seule pouvait toujours voir s'étaler sous ses yeux Nice la Belle. Ce littoral gracieux, ces montagnes abruptes, ces populations riantes ou austères, suivant les sites variés qui les ont vu naître ; tout cela c'était pour nous le fruit envié, mais défendu. Et cependant une nation sœur qui, quoi qu'il arrive, ne restera jamais l'ennemie de notre race, allait rendre à ce beau pays la liberté de ses destinées ; et aussitôt l'on a vu ces Français d'une rive se joindre aux Français de l'autre rive dans un suprême et ineffaçable élan !

« Il appartient peut-être à un modeste magistrat placé par situation en dehors des ambitions et des divisions de la politique, de tirer une conséquence de ce grand anniversaire. Nous fêtons aujourd'hui l'union de nos provinces. Mes chers amis, pourquoi ne fêterions-nous pas aussi l'union de tous les cœurs dignes de se comprendre ?

« De nos vieux remparts antibois, je vois féconder ce sol merveilleux dont le produit n'est pas toujours à la hauteur des labeurs. J'entends résonner l'écho de ces belles fêtes qui sont l'orgueil et la richesse de nos villes de saison. Je distingue à peine le bruit de ce mouvement industriel qui porte dans les deux mondes les délicats produits de notre contrée. Mais j'entends tout près de moi le cri de la sentinelle qui de nos murs veille pour le salut de tous. C'est ce cri qui console et qui consolera l'antique Cité toujours fière de s'être sacrifiée pour la Patrie, toujours certaine d'être vouée à sa défense. Ce cri de ralliement, il est dans tous les cœurs, vous l'avez tous sur les lèvres : Qui vive ? — France ! »

Cette belle réunion, ouverte par une charmante allocution du docteur David, a été terminée par un toast de M. Moro, à l'alliance des deux nations sœurs, et par la lecture de pièces de vers de circonstance de deux poëtes d'avenir, enfants du pays, MM. Pietri et Capéran.

———

La *République Française* :

Les originaires des Alpes-Maritimes ont fêté avant-hier, dans un banquet, le vingt-huitième anniversaire de l'annexion de Nice à la France.

M. Rouvier, député, présidait, ayant à ses côtés

MM. Borriglione, Chiris, Soleau, conseillers généraux; le comte de Longjumeau, Arthur Avigdor, Paulian, secrétaire de la Chambre; Chauvin, Magnier, administrateur des douanes, etc., etc.

M. le docteur David a indiqué le caractère de cette réunion dont il a été le promoteur et a dit avec raison que Nice n'avait pas été annexée, mais qu'elle avait fait retour en 1860 à la mère-patrie.

M. Borriglione, député, à son tour a développé cette affirmation et a ajouté qu'il était persuadé que l'Italie n'oubliera jamais que l'indépendance et l'unité qui constituent la gloire et la force d'une nation lui ont été apportées par la France avec le sang de ses meilleurs enfants.

Bien que visiblement fatigué, M. Rouvier a pris la parole et a prononcé une superbe allocution qui a été vivement applaudie.

L'ancien président du Conseil a insisté sur la signification du vote de 1860. La France, a-t-il dit, chérit Nice comme une mère aime son dernier-né. Les pouvoirs publics n'ont jamais marchandé au département des Alpes-Maritimes — le dernier venu à la grande famille française et aussi son Benjamin — leur concours le plus entier; on l'a bien vu dans une circonstance douloureuse encore récente. Nice s'est montrée reconnaissante et, aux jours de la grande épreuve, ses enfants ont bravement fait leur devoir comme ils le feront demain si la patrie faisait appel à leur dévouement.

M. Rouvier termine en disant combien il est fier de représenter ces patriotiques populations qui l'ont adopté et boit à l'union indissoluble de l'ancien comté de Nice à la France.

4

Cette péroraison a été vivement applaudie et l'on s'est séparé fort tard aux cris de : « Vive la France! »

L'Évènement :

Après les Dauphinois, les originaires des Alpes-Maritimes.

Ces derniers ont fêté, avant-hier, dans un banquet, le vingt-huitième anniversaire de la réunion de Nice à la France.

M. Rouvier, député, présidait, ayant à ses côtés MM. Borriglione, Chiris, Soleau, conseillers généraux, le comte de Longjumeau, etc.

M. le docteur David a indiqué le caractère de cette réunion dont il a été le promoteur et a dit avec raison que Nice n'avait pas été annexée, mais qu'elle avait fait retour à la mère-patrie.

M. Borriglione, député, à son tour, a développé cette affirmation et a ajouté qu'il était persuadé que l'Italie n'oubliera jamais que l'indépendance et l'unité qui constituent la gloire et la force d'une nation lui ont été apportées par la France avec le sang de ses meilleurs enfants.

Bien que visiblement fatigué, M. Rouvier a pris la parole et a prononcé une allocution qui a été vivement applaudie.

L'ancien président du conseil a insisté sur le caractère de l'annexion de Nice, que la France chérit comme une mère aime son dernier-né.

Les pouvoirs publics, a-t-il dit, n'ont jamais marchandé au département des Alpes-Maritimes — le

dernier venu à la grande famille française et, par
conséquent, le Benjamin — leur concours le plus entier ; on l'a bien vu dans une circonstance douloureuse encore récente.

Nice, il faut le dire, s'est montrée reconnaissante,
et aux jours de la grande épreuve, ses enfants ont
bravement fait leur devoir comme ils le feront demain encore si la Patrie faisait appel à leur dévouement.

M. Rouvier termine en disant combien il est fier
de représenter ces patriotiques populations qui l'ont
adopté, et boit à l'union indissoluble de l'ancien
comté de Nice à la France.

Après quelques chaudes paroles de M. Soleau,
maire d'Antibes, et un toast de M. Jean Moro, qui a
émis l'espoir de voir cesser bientôt le désaccord pas-
sager qui existe entre les deux nations sœurs, on a
applaudi des vers de MM. Pietri et Capéran, et on
s'est séparé aux cris de : « Vive la France ! »

Le *Temps* et le *Matin* :

Les originaires du département des Alpes-Maritimes ont fêté, avant-hier, dans un banquet, le vingt-
huitième anniversaire de l'annexion de Nice à la
France.

Cette réunion, pleine de brio, d'entrain et de très
franche gaieté, était présidée par M. Maurice Rouvier, député, qui avait à ses côtés MM. Borriglione,
Chiris, Soleau, conseillers généraux ; le comte de
Longjumeau, Arthur Avigdor, Chauvain, etc.

M. le docteur David, promoteur de ce banquet, en a indiqué le caractère et a dit avec raison que Nice n'avait pas été annexée, mais qu'elle avait fait retour à la mère-patrie.

M. Borriglione a fait l'historique de l'annexion et a terminé en disant qu'il espérait que l'Italie n'oubliera pas qu'elle doit à la France son indépendance et son unité.

M. Rouvier, à son tour, a prononcé une courte allocution, fréquemment interrompue par les applaudissements de l'assistance.

L'ancien président du Conseil a insisté sur le caractère de l'annexion de Nice, que la France chérit comme une mère aime ses enfants, son dernier-né.

« Les pouvoirs publics, a-t-il dit, n'ont jamais marchandé au département des Alpes-Maritimes — le dernier venu à la grande famille française et son Benjamin — son concours le plus entier ; on l'a bien vu dans une circonstance douloureuse encore récente. »

Nice, il faut le dire bien haut, s'est montrée reconnaissante, et aux jours de la grande épreuve, ses enfants ont bravement fait leur devoir, comme ils le feront demain encore, si la France faisait appel à leur dévouement.

M. Rouvier termine en disant combien il est fier de représenter ces patriotiques populations qui l'ont adopté, et boit à l'union indissoluble du comté de Nice à la France.

Cette charmante réunion, toute vibrante de patriotisme, s'est prolongée fort tard, et l'on s'est séparé aux cris de : « Vive la France ! »

D'autres journaux, le *Soir*, la *Paix*, le
XIXe Siècle, le *Petit Parisien*, ont publié
des relations non moins flatteuses.

Nous tenons à les en remercier et à leur
exprimer toute notre reconnaissance pour
la généreuse publicité qu'ils ont bien voulu
accorder à notre œuvre.

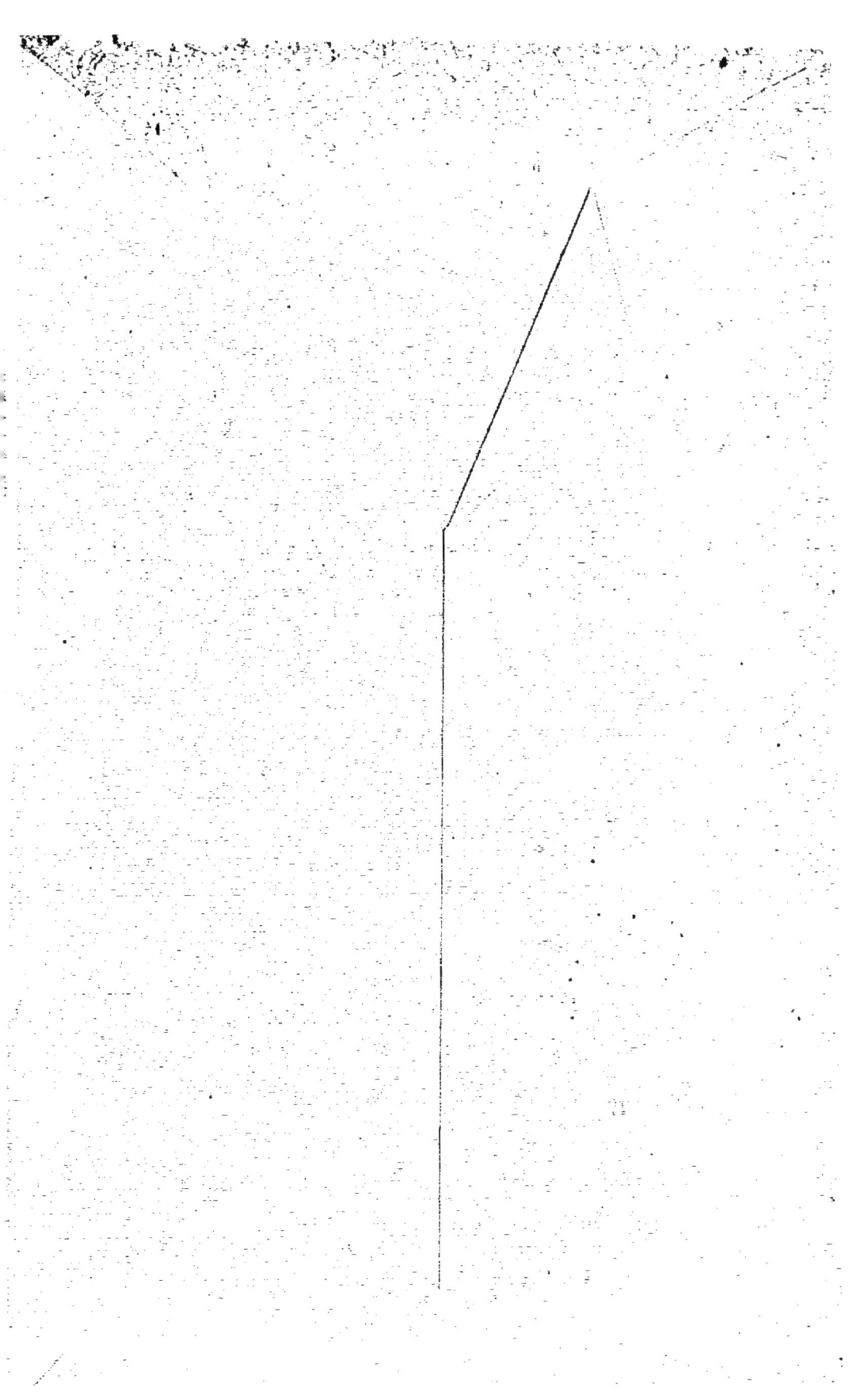

PARIS

IMPRIMERIE A. SCHIFFER

59, PASSAGE DU CAIRE, 59